AF267161

LA BATAILLE

DE BERLIN

EN 1875

Clichy. —Imp. Paul Dupont et Cⁱᵉ, rue du Bac-d'Asnières, 12. — 556. 9-1

LA BATAILLE

DE BERLIN

EN 1875

SOUVENIRS D'UN VIEUX SOLDAT DE LA LANDWEHR

PAR

ÉDOUARD DANGIN

DEUXIÈME ÉDITION

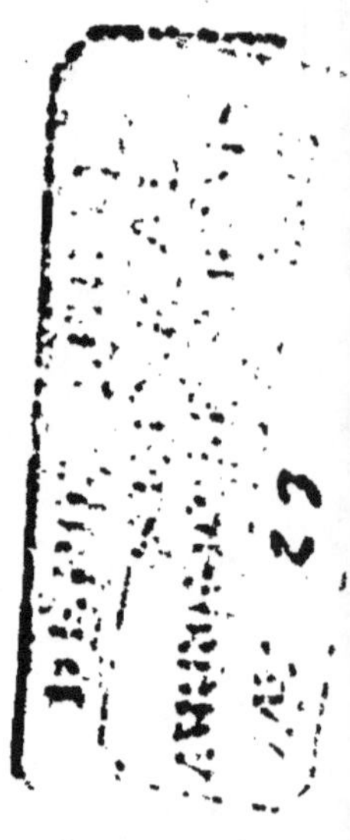

PARIS

B. LACHAUD, LIBRAIRE-ÉDITEUR

4, PLACE DU THÉATRE FRANÇAIS

—

1871

Tous droits reservés

LA BATAILLE

DE BERLIN

EN 1875

SOUVENIRS D'UN VIEUX SOLDAT DE LA LANDWEHR.

———

C'était le jour anniversaire de deux grands événements qui avaient élevé au dernier degré la gloire de la Prusse : — la capitulation de Sedan et la bataille de Dorking.

Un vieux soldat de la landwehr, après avoir raconté à son fils la gloire sans pa-

reille de ces deux campagnes, lui fit le ré-
cit des désastres qui abattirent la Prusse
et la mirent tout à coup presque au rang
de la dernière petite puissance d'Europe :

La politique de notre très-excellent et
très-vaillant roi Guillaume consistait en
ceci : — faire de la patrie allemande une
unité territoriale considérable, forcément
prépondérante en Europe; faire de Berlin le centre universel des lettres, des
sciences, des arts et de la diplomatie...
enfin remplacer la France par la Prusse
et Paris par Berlin!

La tâche était accomplie. La France

n'existait plus. L'Angleterre était tombée sous les coups de nos vaillants soldats. Cette dernière nation avait perdu sa suprématie commerciale qui était passée à la Prusse. Nous avions une flotte toute trouvée qui se composait des vaisseaux pris à l'ennemi.

L'est de l'Europe n'existait plus comme force politique. Nous nous étions annexé le Danemark : rien ne se faisait plus en Europe sans notre permission et nous n'avions besoin de la permission de personne pour y faire ce qui nous plaisait.

La France ne bougeait pas. Le roi de France qui l'avait remise sur un bon pied et qui y avait, non sans peine, replacé

en ordre tout ce que leur diablesse de Ré-
publique y avait mis dans un si beau dé-
sordre, n'avait aucune idée de faire la
guerre. L'Espagne et le Portugal n'exis-
taient pas plus que par le passé.

L'Italie, notre fidèle alliée, croissait en
force militaire et en force financière.

L'Autriche nous faisait mille politesses
et la Russie était avec nous dans des termes
convenables.

Depuis quelque temps, la *Gazette de
la Croix*, dans ses articles de fond,
signalait l'énorme avantage qu'il y aurait, pour de petites puissances telles
que la Belgique et la Hollande à se réu-

nir à nous et à se retremper dans l'unité Allemande. On parlait aussi de la Suède et on disait qu'elle ne pourrait que gagner à nous appartenir : — Le Danemark, ajoutait la *Gazette* à l'appui de sa thèse, le Danemark n'a jamais été si florissant que depuis qu'il est Allemand.

L'Autriche désirait s'étendre, mais nous contenions ou plutôt nous faisions patienter ses ambitions, afin d'être assurés qu'elle nous gardât son alliance.

Un matin, en ouvrant la *Gazette*, je remarquai qu'elle était encadrée de noir et je lus les quelques lignes suivantes :

« Son Excellence monsieur le comte de

« Bismark est mort subitement la nuit
« dernière. Son Excellence avait annoncé
« l'intention de travailler une partie de la
« nuit. Vers deux heures du matin, le
« valet de chambre, ayant entendu un
« grand bruit dans le cabinet, entra et vit
« son maître étendu sur le sol. Un méde-
« cin, appelé en toute hâte, accourût; mais
« il était trop tard... le cœur avait déjà
« cessé de battre.

« L'Allemagne tout entière va tres-
« saillir de douleur en apprenant la mort
« de l'homme illustre qui, de concert
« avec notre glorieux souverain, a élevé
« la patrie allemande à un si haut
« point de prépondérance et de puissance.

« Sa Majesté a daigné ordonner quo les
« obsèques de monseigneur lo grand
« chancelier seraient célébrées aux frais
« de l'Empire. »

Quelques jours après, les funérailles du
grand homme eurent lieu au milieu du
recueillement et de la douleur de tous.

La cathédrale de Berlin était entière-
ment tapissée de draperies noires.

Le roi assistait à la cérémonie entouré
de tous les grands dignitaires et de son
fidèle Manteuffel. Des détachements de
tous les corps de notre admirable armée
composaient le cortége. Au cimetière,
quand on descendit le corps dans le mau-

solée de la famille, des salves d'artillerie éclatèrent.

Pour moi, cette cérémonie me remplit de tristesse. Il me sembla, quelque profond respect que je ressentisse pour notre roi Guillaume, qu'avec le comte de Bismark s'éteignait l'étoile de la Prusse et je disais dans mon for intérieur : — O mon Dieu, vous qui aimez la Prusse, puisque vous l'avez protégée, faites que mes appréhensions ne soient pas justifiées par les événements.

Un mois environ se passa... le roi, soit qu'il ne trouvât personne digne de remplacer le comte de Bismark, soit qu'il ne voulût plus de premier ministre, avait pris en main la suprême direction des affaires et son seul confident intime était le général Manteuffel, peu aimé de l'entourage royal.

La nation n'était point malheureuse, loin de là. Nous avions été tous soldats, et, tous, nous avions fait de grandes économies pendant nos campagnes. La France et l'Angleterre étaient de riches pays d'où le soldat avait rapporté des souvenirs de guerre qui pouvaient le faire vivre pendant longtemps.

Mais il nous arrivait ceci : l'armée entière était depuis quatre ans demeurée sur le pied de guerre. Un bon tiers des hommes valides avait péri ou était éclopé de façon à ne pouvoir plus servir et à ne pouvoir se subvenir sans être pensionné par l'État. Tous ces pauvres diables avaient été répartis dans les diverses administrations du pays. Il n'y avait pas dans les ministères un seul garçon de bureau qui n'eût un bras ou une jambe de moins. J'ai même vu, au ministère de la guerre, plusieurs employés qui étaient privés des deux jambes; on en avait fait des expéditionnaires parce qu'ils savaient écrire. Comme il leur fallait demeurer assis toute la journée, l'État n'avait pas besoin qu'ils eussent des jambes.

Tout ce qui restait d'hommes valides

en Allemagne était soldat, enrégimenté et caserné.

Il n'y avait guère que les plus âgés de la landwehr qui eussent été renvoyés dans leurs foyers. Ils étaient revenus, n'ayant plus l'habitude du travail, ayant oublié beaucoup de choses, obligés en quelque sorte de réapprendre leur état.

L'industrie nationale ne marchait qu'imparfaitement, faute de bras vigoureux, puisque tous les jeunes gens étaient troupiers. Le commerce, auquel l'industrie du pays ne fournissait pas assez, importait beaucoup. L'argent que nos vaillants soldats avaient rapporté de France et d'Angleterre s'en retournait en France et en Angleterre, ce qui menaçait de rendre à ces pays ruinés leur suprématie perdue.

L'esprit militaire, qu'il ne faut pas confondre avec le patriotisme, s'était développé dans toute l'Allemagne et y régnait en maître. Le soir, dans les brasseries, on ne parlait que de choses de guerre. On y lisait des articles de journaux qui demandaient l'annexion de la Suède, de la Hollande, de la Belgique.

Les Allemands se grisaient de leur gloire militaire.

Il fallait s'attendre à une explosion.

Elle eut lieu.

Une insulte. — ce fut du moins, le prétexte que notre gouvernement choisit ; car je ne suis pas bien certain que l'insulte ait eu lieu, — fut faite à l'ambassadeur prussien en Suède.

Immédiatement, la guerre fut déclarée et notre flotte reçut l'ordre de mettre à la voile ; on s'occupait en même temps de concentrer sur le point d'embarquement tous les transports disponibles.

La *Gazette de la Croix* donna le lendemain, la nouvelle suivante en deux lignes qui passèrent inaperçues aux yeux de bien des Allemands :

« L'ambassadeur d Prusse et l'am-

« bassadeur de France ont été reçus hier,
« en audience, par Sa Majesté. L'audience
« a duré près de deux heures. »

Deux jours après, la même Gazette
disait : « La Russie et la France parais-
« sent avoir l'intention de s'immiscer dans
« notre politique, relativement à la Suède.
« L'empereur est très-décidé à ne tenir
« aucun compte du mauvais vouloir de
« ces deux puissances. On doit donc s'at-
« tendre à des complications d'une cer-
« taine gravité, mais elles ne sauraient
« tourner autrement qu'à la plus grande
« gloire de la Prusse. L'Autriche et
« l'Italie sont nos alliées ; l'Italie suffirait
« à contenir la France, et l'Autriche nous

« aiderait à contenir la Russie. Notre
« nombreuse et magnifique flotte nous
« rend maîtresse de la mer et préserve les
« les côtes de l'empire. »

Dans le même numéro, à l'article *Faits
divers*, on lisait : — « Quelques soldats,
natifs de Francfort, se sont révoltés hier
et ont parcouru diverses rues de Berlin
en criant : — Vive Francfort, ville libre !
des patrouilles ont suffi pour rétablir
l'ordre. Les coupables sont arrêtés. »

A quelques jours de là, la Russie et la
France nous adressèrent chacune un ulti-
matum. Il n'y fut pas fait réponse, et les
deux déclarations de guerre de la France
et de la Russie arrivèrent à Berlin.

Ceci se passait au mois de juillet.

Cet événement causa dans tout l'empire une grande émotion. Les jeunes officiers qui n'avaient pas fait la campagne de France disaient : — Nous irons à Paris !

Et la joie enflammait leur regard.

Les officiers qui avaient vu Paris répondaient : — Nous, nous irons à Saint-Pétersbourg !

En quinze jours, notre armée devait être sur pied. Notre organisation était si admirable et nos positions si bien étudiées d'avance que les troupes n'auraient qu'à se rendre au point qui leur était indiqué et où l'on avait déjà fait transporter toutes les munitions et tous les vivres néces- saires. Il n'y eut pas le moindre dérange- ment dans le service des chemins de fer. Les soldats voyageaient la nuit, au moyen de trains spéciaux. Les lignes restè- rent toujours à la disposition du public, qui vaquait à ses affaires comme si nous n'eussions pas été à la veille d'une grande et terrible guerre.

On avait une si grande confiance en la sagesse de notre digne roi, en l'expé- rience des généraux, en la bravoure et en la solidité des troupes.

A Berlin, l'émotion causée par ces com- plications ne se traduisit pas par des criailleries, comme chez les grands gamins de Français. Nous ne criâmes pas : — A Paris ! nous ne criâmes pas : — A Saint-Pétersbourg !

On remarqua seulement qu'un plus grand nombre de femmes allaient prier dans les églises et que, dans les musées où la patrie conservait les trophées de la gloire nationale, les Allemands venaient en groupes pressés pour se retremper dans le spectacle de nos victoires.

Le moment vint où toutes les troupes, — l'armée entière, enfin — étant sur pied, Berlin devint déserte. Le commerce était forcément suspendu. Il n'y avait plus d'affaires, il ne restait positivement en ville que des femmes, des enfants et des vieillards. Tout le monde disait : — il faut que le gouvernement frappe rapidement un coup décisif; sinon, le commerce allemand sera obéré pour plusieurs années.

On attendait...

Enfin, les premières nouvelles arrivèrent...

Elles furent mauvaises.

L'Alsace et la Lorraine venaient de se soulever à l'approche de l'armée française. Metz et Strasbourg, les autres places fortes, avaient été livrées par la trahison des habitants. Cela avait, du reste, été toujours l'étonnement des Allemands raisonnables que ces deux provinces ne comprissent pas l'avantage qu'elles avaient à être avec nous.

Leur défection ouvrit à l'armée française le chemin de l'Allemagne.

Nous apprîmes en même temps que l'Italie, notre fidèle alliée, n'était pas prête...

Et les Français avaient déjà passé le Rhin en trois endroits.

On racontait même qu'ils avaient une cavalerie légère si bien montée qu'elle avait forcé à la retraite nos fameux uhlans, et que leurs avant-gardes se faisaient servir le célèbre vin du Rhin, — le Rhin allemand, enfin, — par les jolies servantes de nos auberges...

« Mais, — dit le lendemain la *Gazette*
« *de la Croix* qui racontait ces faits, —
« des troupes de renfort *vont être diri-*
« *gées* sur ce point et nos fidèles alliés
« les Italiens vont enfin arriver dans quel-
« ques jours, ce qui permettra à l'empire
« de réunir toutes ses forces du côté de la
« frontière russe où nos soldats rencontre-
« ront l'armée autrichienne.

« Les Italiens suffiront amplement
« pour infliger à ces Français présomp-
« tueux, — dont nous avons si bien châtié

« déjà l'orgueil, — la rude et décisive
« leçon qu'ils méritent. »

La Gazette disait en même temps : —
« Il est regrettable que les Allemands se
« soient montrés si confiants envers les
« Alsaciens et les Lorrains qui ont recher-
« ché des emplois en Allemagne. Ces
« hommes ont tous disparu depuis que
« la guerre est déclarée. Tous sont retour-
« nés en Alsace et en Lorraine, et nous
« savons pertinemment que les provinces
« annexées qui sont en pleine révolte,
« non contentes d'avoir massacré jus-
« qu'au dernier les officiers et les soldats
« prussiens, forment une véritable armée
« qui marche avec les Français et qui peut,
« par la connaissance qu'elle a de la

« langue et des mœurs allemandes, leur
« rendre des services redoutables pour
« nous. Les fonctionnaires et les négo-
« ciants prussiens qui étaient venus s'éta-
« blir dans ces pays ont été jetés en pri-
« son, aux acclamations de cette ingrate
« population qui a l'audace de les qualifier
« du nom de bourreaux et de voleurs.

« Quel châtiment terrible attend ces mi-
« sérables ! »

Le lendemain, autres nouvelles : —
« L'Autriche a dû diriger toutes ses forces
« disponibles sur la Hongrie où une in-
« surrection paraît imminente. »

Or, nous savions de bonne source que ces bruits d'insurrection n'étaient pas fondés ; donc l'Autriche nous abandonnait.

Le même jour, une interpellation eut lieu à la Chambre et elle révéla de tristes choses.

Un député libéral se leva et dit : — « Est-il exact que l'armée allemande soit « au complet ? est-il vrai que, dans la plu- « part des provinces de l'empire, les ap- « pelés refusent de quitter leurs foyers, en « disant qu'ils se sont assez battus pour la « Prusse et qu'ils ne veulent plus se faire « tuer pour elle ? est-il vrai qu'une entente « secrète règne, comme on le prétend, en-

« tre tous les anciens rois, princes et
« villes libres, entente qui aurait pour but
« de rendre les trônes aux rois, les princi-
« pautés aux princes et la liberté aux
« villes? »

Le gouvernement répondit : il nia, mais
il ne fournit pas la preuve contraire.

Le lendemain, la proclamation suivante
était affichée sur les murs de Berlin.

« ALLEMANDS,

« Le début de la campagne n'est pas fa-
« vorable à nos armes.

« L'empereur, qui m'a laissé la régence

« de l'empire, est à la frontière russe : le
« prince Fritz marche contre les Français.

« Notre flotte garde les côtes.

« ALLEMANDS,

« Soyez fermes, courageux, patients et
« dévoués, et Dieu protégera la patrie
« allemande.

« AUGUSTA. »

Tous ceux qui lurent cette proclamation
eurent le cœur serré. Quand je rentrai
chez moi, je trouvai ma feuille de route.
On appelait le dernier ban de l'armée.
Je me préparai à rejoindre mon régiment.

Mais les nouvelles devinrent de plus en plus alarmantes ; il apparaissait clairement qu'un accord parfait régnait entre les provinces de l'empire et nos ennemis. Dans les quelques endroits où l'on résistait, on n'opposait qu'une résistance fictive et l'armée française avançait rapidement, chassant devant elle les faibles contingents qui nous étaient demeurés fidèles.

Nos places fortes se rendaient à discrétion ou étaient livrées par le populaire. Il devint évident dès lors que la Prusse, victime d'une conspiration générale, ne devait plus compter que sur ses seules forces pour repousser la plus formidable invasion qui se fût jamais vue.

L'Allemagne était envahie de quatre côtés.

Les Français s'avançaient par la Bavière qu'ils détachaient de notre alliance, tandis qu'un corps de débarquement opérant en Hanovre et usant du même procédé, venait tendre la main au corps d'armée principal : ils se rejoignirent à travers la Saxe qui hésitait à se séparer de nous.

Malgré les efforts héroïques du prince royal qui, surpris par la rapidité de la marche des Français, se trouva pris entre les deux corps qui se rejoignaient et fut écrasé, il devint impossible d'arrêter les envahisseurs.

Réduits à nos seules forces par la défection des Allemands, nous manquions d'hommes et nous ne pouvions opposer à nos ennemis que des forces restreintes et par conséquent divisées.

Un million de Russes envahissaient la Prusse du côté de l'est, ils formaient deux corps d'armée.

Le premier corps avait pénétré chez nous par la Pologne, il s'avançait à marches forcées, s'appuyant sur Dresde, Glogau, Posen. Nous essayâmes de couper ses lignes : il nous fut impossible de le surprendre.

Le second corps d'armée opérait dans le

Nord un vaste mouvement concentrique, tandis que la flotte russe bloquait nos côtes.

Les Français avançaient de plus en plus. Derrière leur corps de débarquement, nous apprîmes que le Danemark qui, lui aussi, s'était révolté, avait organisé une armée et envahi les duchés qui avaient reçu les Danois à bras ouverts : il créait un formidable point d'appui aux opérations françaises.

Tout se réunissait pour nous accabler, et nos ennemis n'étaient pas moins nombreux sur mer que sur terre.

Notre flotte fut bloquée partout. Les Russes, les Français, les Suédois, les Danois, les Anglais s'étaient réunis pour traquer nos vaisseaux.

Nos impitoyables ennemis resserraient chaque jour le cercle terrible dans lequel ils nous enveloppaient à coup sûr, écrasés que nous étions par le nombre.

Par tout l'empire, les coalisés avaient soin de répandre une proclamation conçue en ces termes :

« ALLEMANDS,

« Nous ne venons pas vous conquérir.

« Ce n'est pas à vous que nous faisons « la guerre, mais au souverain qui, depuis « quatre années, tient la guerre allumée en

« Europe et trouble la tranquillité des na-
« tions. Nous ne voulons que briser le
« joug de fer sous lequel il vous opprime
« et vous rendre à vous-mêmes. »

Ce factum était signé par le roi de France
et par l'empereur de Russie.

Et nos deux alliées, l'Autriche et l'Italie,
demeuraient spectatrices indifférentes de
notre égorgement.

L'Autriche, elle, pouvait nous garder
rancune du passé ; mais l'Italie, la perfide
Italie, à laquelle nous n'avions fait que du
bien, pourquoi se montrait-elle à ce point
ingrate ?

Après tout, nous avions tort de nous

étonner : l'Italie faisait pour nous ce qu'elle avait fait pour la France en 1870. Nous devions nous attendre à la conduite qu'elle a tenue et songer que l'immense développement de notre puissance ne pouvait à la fin que lui inspirer de l'ombrage.

Évidemment, nous étions perdus.

Tout cet immense empire, si laborieusement construit et dont les divers éléments semblaient si solidement scellés, se disjoignait, s'ébranlait et s'écroulait de toutes parts. L'envie de nos ennemis n'avait eu, pour obtenir ce sinistre résultat, qu'à soudoyer les ambitions personnelles de quelques roitelets ou principicules et à

flatter l'égoïsme des peuples. Tous les anciens petits gouvernements de l'Allemagne s'étaient laissé tourner la tête par cet appât que la diplomatie leur avait tendu :
— l'autonomie !

Les armées ennemies étaient à trente lieues de Berlin. Nous avions perdu dix-neuf batailles ; la plupart de nos généraux étaient morts, tous avaient été vaincus.

Le roi, qui avait encore une armée de près de soixante dix mille combattants, résolut de tenter une dernière fois la fortune. Son projet était de surprendre, par une marche forcée les armées françaises et de les écraser comme il l'avait fait tant de fois pendant la campagne de France, puis revenant en toute hâte sur Berlin de couvrir la capitale et d'opposer aux Russes des soldats dont la victoire aurait remonté le moral.

Mais le roi ne surprit pas les Français.

Admirablement renseigné par ses éclaireurs, l'ennemi se tenait sur ses gardes ; et, cette fois, les chefs français étaient instruits et capables.

Quand ils apprirent notre marche, ils s'élancèrent à notre rencontre et nous attendirent dans la position stratégique qui leur pouvait être le plus favorable. Ce fut à quinze lieues de la capitale que s'engagea cette bataille décisive que l'histoire a appelée LA BATAILLE DE BERLIN.

Nous fûmes écrasés par le nombre.

L'empereur fit tout pour trouver la mort dans le combat : la mort ne voulut pas de lui...

Les Prussiens luttèrent durant tout le jour, mais, hélas ! il fallut bien, vers quatre heures du soir, se résigner à la retraite, car toute l'armée eût été enveloppée...

Ce fut une retraite lugubre, presque une déroute.

Le roi rentra à Berlin, pâle et les yeux

pleins de larmes. La reine s'évanouit à la nouvelle du dernier désastre qui achevait de perdre la patrie.

Un silence de mort régnait dans la ville

On s'attendait à voir arriver les Français d'un moment à l'autre : les avant-gardes russes étaient à six lieues.

Le roi envoya alors des messages au roi de France et à l'empereur de Russie pour demander la paix.

Il était temps, car des paysans effarés venaient de se réfugier dans Berlin en criant : — Les Cosaques! les Cosaques!

Dès que l'empereur de Russie eût reçu le message de notre empereur, ses armées suspendirent immédiatement leur marche.

Mais le roi de France répondit qu'il ne voulait traiter de la paix qu'à Berlin même.

Le lendemain, l'armée française entrait dans la capitale prussienne, occupait les postes, les casernes et logeait chez l'habitant.

Les débris de l'armée prussienne étaient sortis de Berlin pendant la nuit et étaient allés camper dans les environs.

Quelle journée ! quelle rage sourde nous nous sentions au cœur ! Comme ces Français se vengeaient des désastres qu'ils avaient pourtant si bien mérités !

Les vainqueurs se promenèrent dans la ville, ils n'insultèrent personne. Ils avaient même eu la délicatesse de ne pas faire leur entrée aux sons de la fanfare ; ils entrèrent au pas, satisfaits, mais sérieux..... ils comprenaient, parce qu'ils l'avaient ressentie eux-mêmes, la douleur que l'on éprouve quand on voit mourir la patrie.

Enfin, la paix fut signée, mais à quel prix !

Deux mois auparavant, nous dictions nos volontés à l'Europe : l'Europe aujourd'hui nous dictait les siennes.

Les puissances européennes se réunirent en congrès dans la ville libre de Francfort. Nous y vîmes arriver comme parties contractantes les anciens petits rois et principicules allemands, tout joyeux d'avoir retrouvé leur sceptre.

Ce qui m'étonna le plus, c'est que les journaux allemands parurent tous heureux du nouvel état de choses : — « Les po- « pulations, disaient-ils, sont enfin déli- « vrées de l'odieux militarisme prussien. « Les royaumes allemands ont recouvré « leur autonomie. Il n'y aura plus de « guerre en Allemagne. L'Allemagne va « s'occuper exclusivement de développer « son inépuisable génie industriel. »

·La paix fut signée définitivement le ·
2 septembre.

Les souverains de l'Europe convinrent de replacer le continent dans l'état où l'avaient mis les traités de 1815 et de reconstituer l'équilibre européen.

Il n'y eut de changée que la situation de l'Italie, qui se trouvait plus forte qu'autrefois ; mais on l'affaiblit en rendant les États romains au saint-père.

Quant à l'Angleterre, qui lui rendra ses colonies ?

La Prusse fut contrainte de payer une forte indemnité à la Russie. La France demanda les frais de la guerre, la restitution totale de l'indemnité qui lui avait été imposée en 1871 et la restitution de tout le matériel de guerre que l'Allemagne lui avait pris à la même époque.

Ah! quel triste spectacle présentèrent les chemins de fer allemands pendant près de deux mois.

Ce n'était que trains se dirigeant vers la France ou vers la Russie, les uns chargés d'armes, les autres chargés d'argent.

Les pertes éprouvées par l'Allemagne pendant cette guerre foudroyante se chiffrent par milliards.

A mesure que l'arméo française s'était

avancée en Allemagne, elle avait désarmé
nos forteresses dont le matériel avait été
dirigé sur la frontière de France que gar-
dait cette sorte de landwehr que nos
ennemis avaient organisée chez eux à
l'imitation de la nôtre.

L'armée prussienne a été considérée
comme prisonnière de guerre. La moitié
de ses armes a été remise à la France et
l'autre moitié à la Russie.

Toutes les forteresses de la frontière
allemande ont été démantelées.

Les Français ont repris dans nos musées
et dans nos arsenaux tous les trophées qui
attestaient nos victoires et leurs défaites.

La rentrée de l'armée française s'est faite solennellement à Paris au milieu du délire général.

Une circonstance exceptionnelle a rendu cette solennité plus intéressante. Les vainqueurs ramenaient avec eux les cendres de Charlemagne qui furent déposées dans les caveaux de la cathédrale de Saint-Denis.

Aujourd'hui, la tranquillité règne en Europe.

Mais, pauvre Prusse, qui te rendra ta gloire?

CLICHY. — IMP. PAUL DUPONT, RUE DE BAC-D'ASNIÈRES, 12. — 566. 9.1.